HUNDERTWASSERS BUNTE HÄUSERWELTEN

KUNSTBAUWERKE VON WIEN BIS OSAKA

Text von
Dipl. Ing. KLAUS EGGER
Dr. RUDOLF RIEDINGER
Univ.-Prof. Dr. ALFRED RADDATZ

Photographien von
GREGOR SEMRAD
Ing. Mag. HARALD BÖHM

Herausgeber
Ing. Mag. HARALD BÖHM

Inhalt

Österreich

- 4 Hundertwasser-KrawinaHaus Wien
- 42 KunstHaus Wien
- 48 Pavillon beim DDSG Ponton Wien
- 50 Fernwärme Wien Spittelau
- 58 Autobahnraststätte Bad Fischau
- 64 St. Barbara Kirche Bärnbach
- 72 Rogner-Bad Blumau, Hotel & Spa
- 90 Dorfmuseum Roiten
- 92 Brunnenanlage Zwettl
- 94 Rupertinum Salzburg
- 95 Spiralenfluss - Hand Trinkbrunnen 1 Linz

Deutschland

- 96 Kindertagesstätte Heddernheim
- 100 Wohnanlage „In den Wiesen" Bad Soden
- 104 Martin Luther Gymnasium Wittenberg
- 110 Waldspirale Darmstadt
- 118 Umweltbahnhof Uelzen
- 120 Ronald McDonald Haus Essen
- 126 Grüne Zitadelle Magdeburg

Schweiz

- 134 Markthalle Altenrhein

Japan

- 140 Maishima Müllverbrennungsanlage Osaka

- 152 Die Grundsätze Hundertwassers
- 156 Friedensreich Hundertwasser
- 158 Kunstbauwerke 1979-2007
- 159 Bibliographie und Bildnachweis

Hundertwasser-KrawinaHaus Wien
Ein Stern am Architekturhimmel

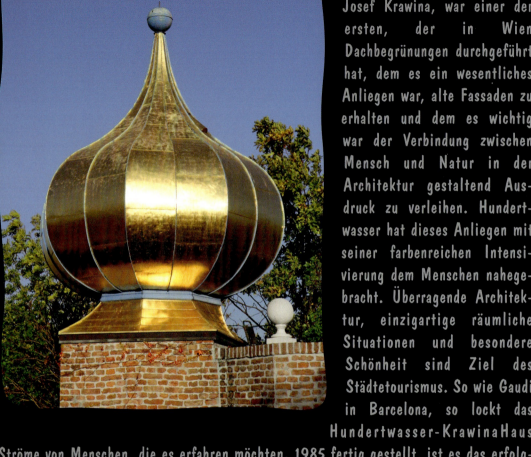

Der Architekt des Hundertwasser-KrawinaHauses, Josef Krawina, war einer der ersten, der in Wien Dachbegrünungen durchgeführt hat, dem es ein wesentliches Anliegen war, alte Fassaden zu erhalten und dem es wichtig war der Verbindung zwischen Mensch und Natur in der Architektur gestaltend Ausdruck zu verleihen. Hundertwasser hat dieses Anliegen mit seiner farbenreichen Intensivierung dem Menschen nahegebracht. Überragende Architektur, einzigartige räumliche Situationen und besondere Schönheit sind Ziel des Städtetourismus. So wie Gaudi in Barcelona, so lockt das Hundertwasser-KrawinaHaus Ströme von Menschen, die es erfahren möchten. 1985 fertig gestellt, ist es das erfolgreichste Projekt der Schöpfer und übertrifft – was Publikumsgunst und Anzahl der Publikationen angeht – alles Folgende bei weitem.

Leben in einem Kunstwerk

Verbunden mit der Natur, geborgen und umgeben von Schönheit leben die Bewohner abseits der staunenden Touristenströme. Zwischenräume wie Gänge und Stiegen, Gemeinschaftsräume wie Wintergarten und Kinderspielzimmer und – was dem Meister Hundertwasser besonders wichtig war – originell verfliese Sanitärbereiche schaffen eine Atmosphäre der Sinnlichkeit und des Staunens. Sechzehn private und drei allgemein zugängliche Terrassen bieten Natur, Ruhe und Erholung unter freiem Himmel.

Wie kommt es zu so einem Bau?

Die 68er Studenten Revolte – Hundertwassers Nacktreden – Woodstock – Yellow Submarine – Arnulf Rainer, Ernst Fuchs und Friedrich Hundertwasser und das Pintorarium – Ende der 60er Jahre bricht durch die Kunst das schöne Weltbild der technischen Machbarkeit des menschlichen Lebens zusammen. Die mit Sonnenbrille den Atompilz bewundernden Politiker sterben an Krebs. Die Welt schrammt mit der Kuba Krise gerade noch an einem atomaren Holocaust vorbei und in Vietnam sterben 1000ende an Napalm. Diesen Erschütterungen kann sich die Politik nicht entziehen, und die Protagonisten, die zu einer Bewusstseinswende aufrufen, werden eingeladen, ihre Visionen in die Tat umzusetzen. Aber Visionäre brauchen Menschen, die fähig sind, Ideen auf die Erde zu bringen. So werden der Visionär Hundertwasser und der schon durch seine ganzheitlich ökologische Ausrichtung bekannte Krawina mit dem Projekt eines Ökohauses betraut.

Ideen und Bilder, Revolten und Manifeste machen noch keine Architektur. Moderne Architektur formt menschliche Bedürfnisse in bauliche Skulpturen. Sie beschäftigt sich mit sozialen und persönlichen Räumen, Materialkunde, Statik, Umweltgestaltung, um nur einige Aspekte zu nennen. Sie benötigt im Verhandeln mit Behörden Geduld und Gewieftheit, die Kenntnis der Baurechtsbedingungen, kurzum: Architektur ist Baukunst – ein langer Weg des Lernens und der Erfahrung. Krawina ist einer der Ersten, der schon vor Hundertwasser Dachbegrünungen für die Gemeinde Wien durchgeführt hat, sich mit der Abwasserproblematik, Wärmedämmung und der Verbindung von Alt- und Neubauten

auseinander gesetzt hat. Hundertwasser hat die Bresche geschlagen ins öffentliche Bewusstsein und zusammen mit Krawina will er das Neue verwirklichen. Nur ist für Hundertwasser und Krawina das Neue allerdings etwas ganz anderes: Für Hundertwasser sind seine Visionen des Fensterrechts, der Baummieter, die Identifikation der Wohnenden mit ihrer Wohnung. Für Krawina geht es um eine Revolution im öffentlichen Wohnbau, grundlegende Qualitätsfragen des Bauen und Wohnens, die organische Verbindung von Alt und Neu und die Trendwende vom „Wirtschaften wie die Wilden" zum verantwortungsbewussten Umgang mit den Ressourcen. So sah er sich auch bald mit heftigem Widerstand von Seiten der Baulobby und Ihren Handlangern konfrontiert, welche die Einreichung und Durchführung immer wieder, trotz mehrmaliger Intervention der Bürgermeister, behinderten. Ein Architekt ist diesem zermahlenden Prozess üblicherweise gewachsen und erkämpft sich „scheibchenweise" seinen Erfolg. Krawina nahm all diese Mühen auf sich, entwarf den gesamten Baukörper in der Zeit zwischen Weihnachten 1979 und dem Frühsommer 1980, während sich Hundertwasser zunächst nach Neuseeland zurückzog, obwohl seine Mitwirkung gerade in dieser entscheidenden Planungsphase hilfreich gewesen wäre. So schuf Krawina den gesamten Baukörper, der an die Hängenden Gärten von Semiramis erinnert, und verhandelte die Einzelheiten und erforderlichen Neuerungen mit den Beamten der zuständigen Magistratsabteilungen. Das Konzept und die Entwürfe Krawinas fanden bei Hundertwasser begeisterte Zustimmung, und sollte Hundertwasser in weiterer Folge die dekorative Fassadengestaltung übernehmen, was im Frühsommer des Jahres 1980 auch geschah.
Bedauerlicherweise konnte Krawina sein ökologisches Konzept in weiterer Folge nicht durchsetzen, und fand er auch bei Hundertwasser wenig Unterstützung. Zudem konnte ein Konsens zwischen dem Künstler und dem Architekten in Bezug auf die dekorative Fassadengestaltung nicht gefunden werden, weshalb sich Krawina im Lauf des Jahres 1981 schließlich aus dem Projekt zurückzog.
Dessen ungeachtet hat das Haus aufgrund der genialen Architektur Krawinas, der Hundertwasser kongenial verstanden hat, als Denkmal für die Sehnsucht des Menschen nach Schönheit und würdigem, eingebundenem Sein, nach Sinnlichkeit und Modernität, nach einer Verbindung von Gerader und Krummer weltweiten Ruhm erlangt. Die Geraden, die auch unser Streben nach der Vollkommenheit ausdrücken und die Krummen, die den Weg dorthin markieren. Dieses Haus vermittelt das Gefühl, eingebunden zu sein in etwas Größeres — eine Entwicklungsspirale, die in die Ewigkeit weist. In aller Bescheidenheit der Welt diesen Dienst zu erweisen, war und ist das gemeinsame Bestreben der Künstler — dass dies in besonderem Maße gelang, versöhnt.

Hier gibt es bunte Fassaden . . .

Schon durch seine kunterbunte Fassade unterscheidet sich das Hundertwasser-KrawinaHaus von seiner Umgebung. **Die verschiedenen Farbflächen kennzeichnen jeweils eine Wohneinheit.** So kann jeder Mieter auch von außen erkennen, wo sich seine Wohnung befindet. Weiters sind die Grenzen der einzelnen Wohnungen durch dunkle Linien und Mosaikbänder ersichtlich gemacht worden.

Bemerkenswert ist, dass die Fassade nicht, wie sonst üblich, einfach mit Fassadenfarbe bemalt wurde, sondern dass man den Putz, schon bevor man ihn auftrug, bereits mit der jeweiligen Farbe durchgefärbt hatte. Man dachte, dass mit dieser Methode die Farben beständiger wären.

Graue Fassadenteile kennzeichnen allgemein zugängliche Flächen. Das sind die Treppenhäuser, die Kinderspielräume, der Wintergarten, die Geschäftslokale und die Café-Terrasse. Eine Ausnahme bildet die Hausinformation im „alten" Teil des Gebäudes, deren Fassade mit einem bräunlichen Farbton versehen wurde. **Das graue Gewölbe des Eingangsbereichs verbindet die zwei Teile des Gebäudes miteinander** (siehe Seiten 22, 23). **Darüber befindet sich ein Kinderspielraum. Die Wölbung des Eingangsbogens wurde in das Innere des Kinderspielraums übernommen, so dass der Boden eine starke Unebenheit aufweist, welche die Kinder in ihr Spiel mit einbeziehen können.**

Zusätzlich sind die grauen Fassadenteile mit Spiegelmosaiken besetzt, welche die einfallenden Sonnenstrahlen widerspiegeln und für interessante Lichteffekte sorgen.

. . . und Hausgeister

Ein Teil der Fassade in der Kegelgasse wurde zur Erinnerung an das vorher an dieser Stelle stehende Gebäude **exakt nachgebildet. Hundertwasser war der Meinung, dass Häuser von Geistern bewohnt wären und es wichtig sei, dass diese Hausgeister von ihrem alten Haus in das neue Haus übergehen könnten.** Ursprünglich wollte Architekt Krawina an dieser Stelle den originalen Gebäudeteil erhalten, um an der Nahtstelle zwischen Altbestand und Neubau materialwissenschaftliche Studien durchführen zu können, was allerdings aus finanziellen Gründen nicht genehmigt wurde. Mit der historisierenden Fassadengestaltung kamen jedoch wenigstens Hundertwassers Hausgeister zu ihrem Recht.

Diesen Gebäudeteil bezeichnete Hundertwasser als das Zentrum des Hauses. **Hundertwasser war der Meinung, dass jemand, der seine Wurzeln vernichtet, nicht wachsen kann. Das Alte, hier der „alte" Gebäudeteil, ist demgemäß die Grundlage für alles Neue, also den gesamten Neubau.** Im Erdgeschoß dieses Zentrums befindet sich die Hausinformation, wo die Besucher umfangreiches Informationsmaterial über das Hundertwasser-KrawinaHaus und die Folgeprojekte erwerben können.

Die Fenster des Hundertwasser-KrawinaHauses sind nicht, wie in der Normarchitektur üblich, regelmäßig rasterförmig angeordnet, sondern wirken wie zufällig in die Fassade eingesetzt. Verschiedene Fenstergrößen und Fensterformen verstärken zusätzlich den individuellen Charakter des Hauses. Für das Hundertwasser-KrawinaHaus hat Hundertwasser acht verschiedene Fenstertypen entworfen. Um auch in den unteren Wohnungen für gute Lichtverhältnisse zu sorgen, wurden in den unteren Etagen größere Fenster eingesetzt als in den oberen.

Viele Details und . . .

Den Besuchern und den Bewohnern des Hundertwasser-KrawinaHauses bieten sich viele Details, die es zu entdecken gilt. Erker, Türmchen, Säulen, Figuren und vieles mehr. Die zwei Stiegenhaustürme des Hauses sind von "königlichen" Zwiebelhauben gekrönt. Im ganzen Haus findet man unterschiedlich gestaltete, mit bunten Keramiken verkleidete Säulen, von denen nicht alle eine tragende Funktion ausüben. **Zur Versinnbildlichung des Standorts des Hauses sind auf der Seite der Kegelgasse diverse Keramikkegel angeordnet, während man auf der Seite der Löwengasse Löwenfiguren findet.** Die Mauerkronen zieren diverse Statuetten, wie man sie auch im Garten einer römischen Villa entdecken könnte.

. . . üppige Vegetation prägen das Gebäude

Die Freiflächen des Hauses sind dicht mit Bäumen und Sträuchern bewachsen. Je nach Jahreszeit bietet sich damit dem Besucher ein ständig wechselndes Bild. Ist das Erscheinungsbild des Hauses im Frühling und Sommer erst von frischem hellem, dann von sattem Grün geprägt, dominieren im Herbst leuchtende Gelb- und Rot-Töne. Im Winter ragen nur noch dürre Äste gegen den Himmel empor, und die bunten Farben der Fassade treten verstärkt in den Vordergrund (siehe Seiten 14, 20, 28, 34).
Der Vorplatz des Hauses ist gemäß der Hundertwasser-Philosophie mit welligem Boden und mit Hügeln, auf denen Bäume wachsen, ausgestaltet. Direkt vor dem Eingangsbogen des Hundertwasser-KrawinaHauses steht ein kleiner Brunnen, dessen Becken mit Mosaikmustern geschmückt ist. Sitzbänke laden den Besucher zum Verweilen ein. Ein Blick ins Innere des Hauses zeigt uns, dass auch hier mit Liebe zum Detail gearbeitet wurde. In jedem Stockwerk finden sich Mosaike, und selbst in die Böden der Hausflure und Treppenhäuser sind bunte Keramikfliesen eingearbeitet. **Die Wände und Böden der Treppenhäuser sind gewellt**, die hölzernen Treppengeländer verleihen dem Haus eine heimelige Atmosphäre. **Gemäß dem Grundsatz des Anrechts auf die „Dritte Haut"** (siehe Seite 154) **können die Wände der Hausflure von den Kindern bemalt und bekritzelt werden.**

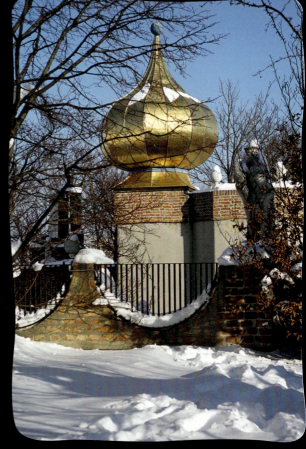

Datenblatt zum Hundertwasser-KrawinaHaus

Neubau	Kegelgasse 34-38/Löwengasse 41-43, 1030 Wien, Österreich
Entwurf	Arch. Univ.-Prof. J. Krawina (TU Berlin), F. Hundertwasser
Planung	Arch. Univ.-Prof. J. Krawina, Arch. DI P. Pelikan
Balsaholzmodell erstellt von	Arch. Univ.-Prof. J. Krawina, 1980
Kartonmodell erstellt von	H. Vetter, 1980
Plexiglasmodell erstellt von	A. Schmid, 1980
Hauseigentümer	Gemeinde Wien
Baukosten	ca. 6 Millionen Euro
Bauzeit	16. August 1983 bis 15. Oktober 1985
Eröffnung	1. März 1986
verbaute Grundfläche	1 092 m²
Anzahl der Wohnungen	50 Wohnungen, 4 Geschäftslokale, 1 Arztpraxis
reine Wohnfläche	ca. 3 550 m² (ca. 24 m² pro Person)
Wohnungsgrößen	zwischen 30 m² und 150 m²
Wohnungsmiete	ca. 5 Euro pro m²
Hausbewohner	ca. 150 Personen
Gemeinschaftsräume	2 Kinderspielräume, 1 Wintergarten
Anzahl der Dachterrassen	16 privat, 3 gemeinschaftlich
Gesamtfläche der Terrassen	ca. 920 m²
nicht zugängliche Grünflächen	ca. 440 m²
Erde auf den Terrassen	ca. 900 Tonnen
Anzahl der Bäume und Sträucher	ca. 250 Stück

Architekt Univ.-Prof. Josef Krawina

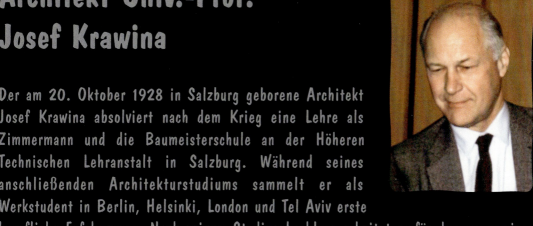

Der am 20. Oktober 1928 in Salzburg geborene Architekt Josef Krawina absolviert nach dem Krieg eine Lehre als Zimmermann und die Baumeisterschule an der Höheren Technischen Lehranstalt in Salzburg. Während seines anschließenden Architekturstudiums sammelt er als Werkstudent in Berlin, Helsinki, London und Tel Aviv erste berufliche Erfahrungen. Nach seinem Studienabschluss arbeitet er für den renommierten Architekten Prof. Dr. Roland Rainer sowie für die Ingenieurs- und Architektenkammer in Wien. 1959 eröffnet er in Wien sein eigenes Architekturbüro. Zudem absolviert er an der Technischen Universität Wien ein Aufbaustudium für Städtebau, Siedlungswesen und Raumordnung. 1983 wird Josef Krawina an die Fakultät für Architektur der **Technischen Universität Berlin** berufen. Dort unterrichtet er bis 1996 die Fächer **„Entwerfen"** und **„Baukonstruktion"**. Ergänzend hält er Gastvorträge an verschiedenen Hochschulen im In- und Ausland.

Seine berufliche Laufbahn ist stets durch seine Energie und Dynamik im Dienste der Architektur gekennzeichnet. Immer aufgeschlossen für Neues, gilt schon sehr früh sein Interesse dem ökologischen Bauen, der Dachbegrünung und der damit verbundenen wissenschaftlichen Auseinandersetzung mit bauphysikalischen Grundlagen. In diesem Zusammenhang unternimmt er unter anderem Studien über die Kombinationsmöglichkeit von alten mit neuen Baustoffen und verfasst wissenschaftliche Arbeiten über die Verwendung von Holz im Innenausbau und über Bautenbegrünungen. **Dieses spezielle Fachwissen kann er dann insbesondere bei der Planung des Hundertwasser-KrawinaHauses einbringen.** Krawinas architektonisches Oeuvre ist breit gestreut. Mit berechtigtem Stolz kann er neben der Planung von Wohnhausanlagen auch auf seine Entwürfe von Geldinstituten, Heimen, Geschäftslokalen, Kindergärten, Kirchen, diversen Außenanlagen sowie auf seine städtebaulichen Arbeiten zurückblicken. **Zahlreiche Ehrungen und Auszeichnungen spiegeln die Anerkennung der Leistungen dieses national und international anerkannten Architekten wider.** Derzeit lebt Josef Krawina mit seiner Frau Elisabeth in Kärnten.

KunstHaus Wien

Ein Museum der besonderen Art

Das Kunsthaus Wien steht in unmittelbarer Nähe des Hundertwasser-KrawinaHauses, nur fünf Gehminuten entfernt.

Zwei aus dem 19. Jahrhundert stammende Gebäude wurden in den Jahren 1989-1991 nach Entwürfen von Friedensreich Hundertwasser umgestaltet und zu einem Gebäude zusammengefügt. Seither wird es als Museum genutzt, welches sowohl viele Werke von Hundertwasser beherbergt, als auch wechselnde Ausstellungen von Werken internationaler Künstler zeigt.

Das KunstHaus unterscheidet sich augenfällig von anderen Hundertwasser-Entwürfen durch seine Farbgestaltung sowie durch die überwiegende Übernahme der rasterförmig angeordneten Fenster der Ursprungsgebäude. Eine weitere Besonderheit ist, dass große Teile der Fassade mit Mosaiken verziert sind. Im Eingangsbereich wurde der Fassade ein auf vier Säulen gestützter zweigeschossiger Vorbau hinzugefügt. Hofseitig sorgt ein kleines Café-Restaurant für das leibliche Wohl der Besucher.

KunstHaus Wien, 1989-1991
Untere Weißgerberstraße 13, A-1030 Wien, Österreich
Umgestaltung
Entwurf: F. Hundertwasser
Planung: Arch. DI P. Pelikan
Modell 1:20 erstellt von A. Schmid, 1989
Ursprüngliche Gebäude:

Pavillon beim DDSG Ponton Wien

Schiffsanlegestelle am Donaukanal

Dieses von Hundertwasser gestaltete Kleinobjekt wurde im Jahr 1992 im Auftrag der DDSG (Donaudampfschifffahrtsgesellschaft) errichtet, die auf der Donau und dem Donaukanal touristische Schiffsrundfahrten anbietet.

Der Pavillon misst eine Grundfläche von 3,50 x 3,50 Metern. Das gewölbte Dach unterstreicht seine Torfunktion zwischen der Anlegestelle und dem Bezirk. An den Dachecken prangt das Firmenzeichen der DDSG, ein Anker mit deren Initialen. Die Zahl 1829 steht für das Gründungsjahr der Gesellschaft.

Umrahmt wird der an der Uferpromenade des Donaukanals stehende Pavillon von acht bunten Säulen, die den Standort des Objekts markieren.

Pavillon beim DDSG Ponton Wien, 1992-1994
Weißgerberlände/Custozzagasse, A-1030 Wien, Österreich
Entwurf: F. Hundertwasser

Fernwärme Wien Spittelau

Vom Industriebau zum Kunstobjekt

Das Fernheizwerk war seit seiner Inbetriebnahme im Jahr 1971 aufgrund seiner Schadstoffemissionen bei der Wiener Bevölkerung umstritten. Ein Brand im Jahr 1987, der Teile des Gebäudes schwer in Mitleidenschaft zog, bot die Gelegenheit zu seiner Umgestaltung. Einerseits wurde die Anlage mit moderner Umwelttechnologie ausgestattet und andererseits konnte Friedensreich Hundertwasser dafür gewonnen werden, dem Gebäude ein komplett neues Erscheinungsbild zu verleihen, was dessen Akzeptanz bei den Bürgern enorm steigerte. Aus dem vorher nüchternen Zweckbau wurde, insbesondere durch den **126 Meter hohen Schornstein mit seiner großen goldenen Kugel**, ein weithin sichtbarer Blickfang. **Glänzt die Kugel tagsüber golden in der Sonne, wird sie bei Dunkelheit von hunderten kleinen Lichtpunkten bunt erleuchtet.** Am gesamten Gebäudekomplex wurde das Motiv der goldenen Kugel fortgesetzt. Ein nettes Detail ist die überdimensional große Kappe, in der Form ähnlich jener, die Hundertwasser zu tragen pflegte. Weitere Dekorelemente sind Mosaike aus Keramik und Email, die sowohl als Fensterverzierung als auch zur Fassadendekoration angebracht wurden.

Fernwärme Wien Spittelau, 1988-1997
Spittelauer Lände, A-1090 Wien, Österreich

Architektonische Umgestaltung Müllverbrennungsanlage:
Entwurf: F. Hundertwasser
Planung: Waagner Biro-Marchart, Moebius & Partner, Wien
Planung Fassade: Arch. DI P. Pelikan
Modell 1:100 erstellt von A. Schmid, 1988

Fassadenumgestaltung Bürogebäude mit Zubauten:
Entwurf: F. Hundertwasser
Planung: Marchart, Moebius & Partner, Wien
Modell 1:50 erstellt von A. Schmid, 1996

Ursprüngliche Gebäude
Müllverbrennungsanlage mit Bürogebäude:
Planung: Arch. DI J. Becvar, 1967
Zubauten des Bürogebäudes:
Planung: Arch. Neumann, Marchart, Moebius & Partner, Wien

Autobahnraststätte Bad Fischau

Ein Platz zum Verweilen

Die Raststätte befindet sich an der Autobahn A2, 40 km von Wien entfernt. Der damalige Eigentümer wollte dem in den siebziger Jahren des letzten Jahrhunderts entstandenen Originalgebäude ein attraktiveres Aussehen verleihen. Anstelle eines Neubaus entschied man sich gemeinsam mit Friedensreich Hundertwasser für einen Umbau des bestehenden Gebäudes. Das Gebäude ähnelte ursprünglich in seinem Aussehen einer Fabrikhalle, wie man sie in Industriegebieten sehen kann. Also grau, nüchtern, sachlich und mit einem Flachdach versehen. Nach dem Umbau erinnert nichts mehr an diesen Zustand. Die Raststätte sieht nun freundlich und einladend aus. Sie präsentiert sich bunt, mit differenzierter Höhenentwicklung und begrüntem Dach. Das Dach des Eingangsbereichs wird von bunten Keramiksäulen gestützt. Weitere, mit Kugeln gekrönte Halbsäulen umrahmen das Gebäude.

Das freundliche Erscheinungsbild lädt die Reisenden nun dazu ein, an dieser Raststätte Halt zu machen und sich vor der Weiterfahrt ein wenig zu entspannen.

Auch der Innenbereich ist vom Hundertwasser-Stil geprägt. Besonders sehenswert sind die phantasievoll gestalteten Toilettenanlagen. Bereits am Eingang wird der Besucher von einer lebensgroßen Puppe in Gestalt einer Toilettenfrau begrüßt.

Abschließend sei hier ein Beispiel für die Spontaneität Hundertwassers erwähnt. Als er die Raststätte nach ihrer Fertigstellung besichtigte, schienen ihm die Fliesen im Barbereich **zu regelmäßig verlegt. Daraufhin nahm er kurzerhand einen Hammer und schlug solange auf die Fliesen ein, bis sie zersplittert waren. Damit war die ihm vorher zu strenge Rasterordnung zerstört und der Hundertwasser-Stil perfektioniert.**

Autobahnraststätte Bad Fischau, 1989-1990
A-2721 Bad Fischau, Österreich
Umgestaltung
Entwurf: F. Hundertwasser
Planung: Arch. DI P. Pelikan
Modell 1:50 erstellt von A. Schmid, 1989
Ursprüngliches Gebäude:
Planung: Prof. Arch. A. Perotti, 1971

St. Barbara Kirche Bärnbach

Ein Gotteshaus in neuem Gewand

1948 bis 1950 wird in Bärnbach die Pfarrkirche St. Barbara errichtet – eine schlichte Saalkirche mit rechteckig angefügtem Chorraum – so schlicht, dass G. Rombold vor der Neugestaltung urteilte: „Die jetzige Erscheinung der Kirche ist armselig"[2]. 1979 beschließt daher der Pfarrgemeinderat eine Generalsanierung. Eine Hundertwasser-Ausstellung 1981 in Graz lässt den Gedanken aufkommen, diesen Künstler um einen Entwurf für eine Neugestaltung zu ersuchen. Nach Vorlage seines Modells erhält Friedensreich Hundertwasser 1987 den Auftrag, seine Pläne zu verwirklichen.
Nähert man sich nun dem Portal der Kirche – von welcher Seite auch immer –, signalisieren auf hellem Putz vier großflächige, farbige Keramikmosaiken – zwei an der Stirnwand und je eines seitlich am davor stehenden quadratischen Turm – durch ihre Thematik von weiten bereits etwas vom „Inhalt" des Gebäudes.

So zeigt die Stirnwand links ein großes Monogramm Christi, im rechten Winkel dazu am Turm Kelch und Brotschale, rechts ein Boot mit Lateinersegel – das Schiff als schon frühchristliches Symbol der Kirche – und am Turm hier einen Gebundenen, kniend, der seine Hände bittend zu dem zum Lebensbaum gewordenen Kreuz erhebt, dessen Blätter verwehen.

Die Kanten des Gebäudes und auch des Turms wurden durch farbige mosaizierte Ecklisenen betont, die wie aus dem Boden mächtig hervor wachsend, den Turm zu umranken scheinen, sodass eine Geschoßgliederung entsteht und die Kirche nun den Eindruck eines hier schon lange langsam Gewordenen vermittelt. Unterstützt auch durch die scheinbar aus der Epoche des Barock herrührende goldene Zwiebelhaube.

Die Seitenwände der Kirche sind ähnlich der Dorfkirche auf Hundertwassers Bild „Skyscraper und Village Church" von 1951 gestaltet. Auch die Zwiebelhaube des Turms findet sich dort.

Im Inneren ist hingegen das bisherige Gegenüber von Gemeinde- und Altarraum beibehalten worden. Die Chorabschlusswand wurde noch durch eine Nische mit Seitenlicht vertieft, in der der Kruzifixus – umgeben mit einer von Hundertwasser geschaffenen mosaizierten Strahlenmandorla – wie in einem Schrein Aufnahme gefunden hat. Der neue Altar – jetzt ein Blockaltar statt des vorigen Tischaltars – wurde zwar von der Wand gelöst, aber im Chorraum – von der Gemeinde deutlich getrennt – belassen.

Zwölf – den zwölf Toren des himmlischen Jerusalem (Off. 21,12) nachempfundene – auf verschieden gestalteten **mehrfarbigen Keramiksäulen** aufruhende Bogenstellungen **markieren einen Prozessionsweg um die Kirche**. Tragen sie in der Offenbarung die Namen der zwölf Stämme Israels, so sieht man hier **die Symbole der Weltreligionen, Afrikas und Ozeaniens**.

Alfred Raddatz

St. Barbara Kirche Bärnbach, 1987-1988
Röm.-kath. Pfarramt, A-8572 Bärnbach, Österreich
Umgestaltung und Gesamtrenovierung
Entwurf: Maler F. Hundertwasser
Planung: Arch. DI Dr. M. Fuchsbichler
Modell 1:50 erstellt von A. Schmid, 1987
Ursprüngliches Gebäude:
Planung: Arch. K. Lebwohl, 1948/49

Rogner-Bad Blumau, Hotel & Spa

Eine einzigartige Wellnesslandschaft im grünen Herzen Österreichs

Die Gemeinde Bad Blumau ist sechzig Kilometer von der Landeshauptstadt Graz entfernt im oststeirischen Hügelland zu finden. Überregionale Bekanntheit hat der kleine Kurort insbesondere durch den Bau des „Rogner-Bad Blumau, Hotel & Spa" erlangt. **Auf einem rund 40 Hektar großen Gelände** wurde hier nach den Plänen von Friedensreich Hundertwasser eine einzigartige Wellnesslandschaft errichtet. Wohl nicht zu Unrecht wird sie daher auch als das **„größte bewohnbare Gesamtkunstwerk"** bezeichnet. Der Entwurf basiert auf einem Projekt aus den Jahren 1984-1989, dem **„Hügelwiesenland"**, das allerdings nicht realisiert wurde. Schon dort hatte Hundertwasser jene Haustypen konzipiert, die dem **„Hügelhaus"** und dem **„Augenschlitzhaus"** in Bad Blumau entsprechen.

Die einzelnen Häuser und die Thermenlandschaft sind vollkommen in die Natur integriert. **Die Gäste können die begrünten Dächer betreten**, von wo aus sie eine phantastische Aussicht auf die umgebende Landschaft genießen können.

Mittelpunkt der Anlage ist eine herrliche Thermenlandschaft **mit 1.600 m² Wasserfläche**. Neben den 5 Thermal- und 2 Kaltwasserbecken bietet die Anlage Sport- und Fitnesseinrichtungen, eine Saunalandschaft, einen Beautyturm, ein ganzheitliches Gesundheitszentrum sowie Freizeiteinrichtungen mit erstklassigen Restaurants. Weiters stehen den Gästen in den von Hundertwasser entworfenen Häusern **Appartements mit insgesamt 244 Betten zur Verfügung**.

Anders als im städtischen Bereich, wo Hundertwasser-Bauten zur bestehenden Architektur einen Kontrapunkt setzen, fügen sich hier die einzelnen Gebäude der Therme harmonisch in die umgebende Landschaft ein.

Die „**Hundertwasserprinzipien**" – geschwungene Linien, begrünte Dächer, bunte Fassaden – kommen hier besonders gut zur Geltung. Die kunterbunten Farben der Fassaden geben die Farben der Natur wieder: das Braun der Erde, das Blau des Wassers und des Himmels. Rot, Weiß, Gelb und Fliederfarben haben ihr Gegenstück in der Farbenpracht einer Blumenwiese. Die unregelmäßig angeordneten Fenster finden sich in allen Größen und Formen – rechteckig, quadratisch, Rundbögen, Spitzbögen, alles bunt gemischt.

Hier in Blumau fand Hundertwassers Wunsch, in Harmonie mit der Natur bauen zu können, in besonderem Maße seine Erfüllung.

Thermendorf Blumau, 1993-1997
A-8283 Blumau 100, Österreich
Neubau
Entwurf: F. Hundertwasser
Planung: Kommerzialrat Ing. Robert Rogner, Rogner Planungsbüro,
Arch. DI P. Pelikan
Modell 1:200 erstellt von A. Schmid, 1992
Modell 1:50 erstellt von A. Schmid, 1993/94
Modell 1:100 erstellt von DI A. Bodi, 1997

Dorfmuseum Roiten

Hundertwasser hilft mit

Zu diesem kleinen, im Waldviertel in Niederösterreich gelegenen Ort hatte Hundertwasser eine besondere Beziehung. Hier kaufte er im Jahr 1967 eine am Oberlauf des Kamp gelegene alte Mühle, wo er in den folgenden Jahren zeitweise wohnte und auch einige seiner Bilder malte.

Als die Gemeinde das alte Gemeinschaftskühlhaus in ein Museum umbauen wollte, erklärte sich Hundertwasser spontan bereit, kostenlos einen Fassadenentwurf zu erarbeiten.

Durch Spenden und viele freiwillig geleistete Arbeitsstunden der Einwohner konnte das Museum im Jahr 1989 eröffnet werden. Seither dient das Gebäude als Veranstaltungsort für Kunstausstellungen und als Handwerksmuseum.

Die Umgestaltung an diesem Gebäude wurde sehr dezent vorgenommen. An der ursprünglichen Bausubstanz wurde nicht viel verändert, nur die Säulen an den Ecken, das begrünte Dach und die Goldkugeln weisen auf Hundertwasser hin.

Dorfmuseum Roiten, 1987-1988
A-3911 Rappottenstein, Österreich
Umgestaltung
Entwurf: F. Hundertwasser
Planung: DI M. Stein
Modell 1:50 erstellt von A. Schmid, 1987
Ursprüngliches Gebäude:
Planung: Firma Löfler, 1959
Umbaupläne für den Zubau aus dem Jahr 1975:
Planung: W. Hartl

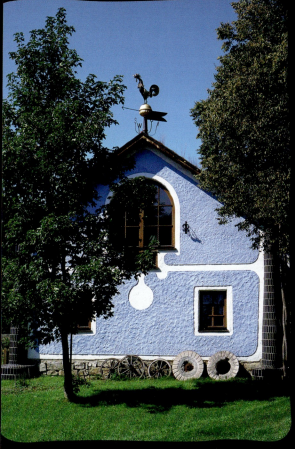

Brunnenanlage Zwettl

Ein neuer Treffpunkt für die Bevölkerung

Zwettl ist eine Bezirkshauptstadt im Nordwesten des Bundeslandes Niederösterreich, zwei Autostunden von Wien entfernt.

Die Brunnenanlage ist auf dem Hauptplatz situiert. Direkt angrenzend befinden sich die Stadtpfarrkirche, das Stadtamt und das alte Rathaus.

Die von Hundertwasser gestaltete Brunnenanlage besteht aus zwei ineinander übergehende Einzelbrunnen und einem Pavillon.

Der Pavillon lädt den Besucher, vor Sonne und Regen geschützt, zum Verweilen ein. Das begrünte Dach des Pavillons ruht auf vier Hundertwasser-typischen Säulen. Auffallend ist dessen Ähnlichkeit mit dem ebenfalls von Hundertwasser entworfenen DDSG-Pavillon in Wien, der etwa zeitgleich entstanden ist.

Ungewöhnlich für ein Hundertwasser-Projekt ist, dass zwar das Dach des Pavillons begrünt ist, der Platz insgesamt allerdings nur sehr wenige Grünelemente aufweist.

Brunnenanlage Zwettl, 1992-1994
Hauptplatz, A-3919 Zwettl, Österreich
Hauptplatzneugestaltung
Entwurf: F. Hundertwasser
Planung: Arch. DI P. Pelikan
Stadtplatzgestaltung: DI A. Gattermann, Krems
Modell 1:50 erstellt von A. Schmid, 1992

Rupertinum Salzburg, 1980-1987
Sigmund Haffner Gasse 22 / Wiener Philharmonikerg. 9,
A-5020 Salzburg, Österreich
Außengestaltung mit Zungenbärten und Baummieter
Entwurf: F. Hundertwasser
Planung: DI Dr. Gerhard Garstenauer, Salzburg

Die überdimensionale, aus verschiedenen geschliffenen Natursteinen gefertigte Hand ragt mit weit gespreizten Fingern aus dem Steinboden empor. Aus jeder Fingerkuppe sprudelt frisches Wasser hervor, das im Handteller spiralförmig verlaufend, in dessen Mitte mündet und dort wieder verschwindet.

Die Hand, aus der man trinkt — gastfreundlich geöffnet, dem Vorbeikommenden eine Erfrischung anbietend und zum Verweilen einladend.

Spiralenfluss - Hand Trinkbrunnen 1 Linz, 1993-1994
Spittelwiese, A-4020 Linz, Österreich
Auftraggeber: SBL- Stadtbetriebe Linz
Entwurf: F. Hundertwasser
Ausführung: Prof. H. Muhr
Modell 1:20 erstellt von Prof. H. Muhr

Kindertagesstätte Heddernheim

Spiel und Spaß im Märchenschloss

Heddernheim ist ein **Stadtteil von Frankfurt am Main**, im Nordwesten der Stadt gelegen. Der Bau der Kindertagesstätte wurde durch die Stadtverwaltung im Jahr 1986 im Rahmen eines Stadtentwicklungsprojektes für die nördlichen Stadtteile initiiert. Dafür stellte sie ein Grundstück am renaturierten Urselbach zur Verfügung.

Das hauptsächlich in Erdfarben gehaltene, aus Holz und Ziegeln gefertigte Gebäude fügt sich harmonisch in die Landschaft ein. Wirkt das Haus durch Form und Farbgebung sehr naturverbunden, kommt durch die bunten Säulen und die goldene Zwiebelhaube auch ein verspieltes Element hinzu. **Grüne Rampen führen zum Zwiebelhaubenturm und zu dem kleinen Pavillon auf dem Dach des Gebäudes. Auf den begrünten Dachflächen können die Kinder herumtollen und spielen.** Im Erdgeschoß ist ein Kindergarten untergebracht. Das Obergeschoß beherbergt einen Hort, ein Atelier und eine Werkstatt.

Kindertagesstätte Heddernheim, 1988-1995
Kupferhammer 93, D-60439 Frankfurt am Main, Deutschland
Neubau
Entwurf: F. Hundertwasser
Planung: Arch. DI P. Pelikan, Hochbauamt Frankfurt
Modell 1:50 erstellt von A. Schmid, 1987

Wohnanlage „In den Wiesen" Bad Soden

Eine neue Festungsanlage für die Altstadt

Diese von Hundertwasser entworfene Wohnhausanlage vermittelt nicht, wie die meisten anderen seiner Bauten, den Eindruck eines Märchenschlosses, sondern eher den einer Festungsanlage. Die Lage in der Altstadt, zwischen Wilhelmspark und Quellenpark, ist für eine Wohnbebauung geradezu ideal. Die einzelnen Teile der Anlage sind höhenmäßig verschieden gestaffelt und teilweise ineinander verschachtelt, was eine sehr kompakte Einheit ergibt, aus deren Mitte ein „Wehrturm" herausragt. Aus der Anordnung der Baukörper ergeben sich viele begrünte Terrassenflächen. **Die 17 Wohnungen sind durch insgesamt fünf Treppenanlagen erschlossen. Jeder Wohneinheit ist eine eigene Terrasse oder ein Dachgarten zugeordnet.**

In Form und Farbe hat sich Hundertwasser diesmal weitgehend an die Umgebung angepasst, ohne aber auf Hundertwasser-typische Stilelemente zu verzichten.

„In den Wiesen" Bad Soden, 1990-1993
Quellenpark 38, D-65812 Bad Soden am Taunus, Deutschland
Neubau
Entwurf: F. Hundertwasser
Planung: Arch. DI P. Pelikan
Modell 1:50 erstellt von A. Schmid, 1990

Martin Luther Gymnasium Wittenberg

Hundertwasser bringt Farbe in den grauen Schulalltag

Der Umbau des Martin Luther Gymnasiums geht auf einen Schülerwettbewerb im Jahr 1993 zurück. Dabei sollten die Schüler ihre Ideen einbringen, wie sie sich ihre Schule wünschen würden, um sich hier wohl fühlen zu können. In der Folge gab es dann eine Anfrage an Friedensreich Hundertwasser, von dem bereits einige Bauten in Deutschland existierten. Kostenlos erarbeitete er jene Umgestaltungsentwürfe, welche der Schule ihr heutiges Aussehen verleihen.

Die Schule besteht aus drei Gebäudeteilen: zwei Längsriegeln und einem zentralen Gebäude, das mit ihnen verbunden ist. Ursprünglich war das Schulgebäude ein grauer, eintöniger Plattenbau. Ein typischer Vertreter der Architektur des „sozialistischen Realismus" der DDR, wie sie im ganzen Land zu finden waren und immer auch noch sind. **Mit dem Umbau ist die graue Tristesse einem bunten Vielerlei gewichen.** Die vormalige streng horizontale Gliederung wurde einerseits durch die Beseitigung der Fensterbänder sowie durch diverse Aufbauten durchbrochen. Gekrönt werden die Gebäude durch eine Blütenkapsel und einen Zwiebelturm. Die nunmehr differenzierte Höhenentwicklung und die vielfältige bunte Fassadengestaltung verleihen der Schule ein lebendiges, dynamisches Äußeres. **Aus manchen Fenstern wachsen „Baummieter" heraus.** Kleine Teile der Gebäude wurden im alten Zustand belassen und erinnern damit an das ursprüngliche Erscheinungsbild.

Martin Luther Gymnasium Wittenberg, 1997-1999
Straße der Völkerfreundschaft 130, D-06886 Wittenberg, Deutschland
Gesamtsanierung und Umgestaltung
Entwurf: F. Hundertwasser
Planung: Arch. DI P. Pelikan
Realisierung: Arch. DI H. M. Springmann
Modell 1:200 erstellt von A. Schmid 1994/1995

Ein Kunstbauwerk im Bürgerpark-Viertel

Bei der Waldspirale handelt es sich um eine Wohnhausanlage, die nach zweijähriger Bauzeit im Jahr 2000 fertig gestellt wurde. **Bemerkenswert ist, dass zu ihrem Bau erstmals in Deutschland Recycling-Beton verwendet wurde.**

Errichtet wurde der Bau am Stadtrand von Darmstadt, auf dem Gelände des ehemaligen städtischen Schlachthofs. Basierend auf einem städtebaulichen Wettbewerb entstanden hier im Bürgerpark-Viertel seit 1995 viele neue Gebäude, unter denen die Waldspirale **eine architektonische Besonderheit** darstellt. Ihr Name lässt sich daraus ableiten, dass ihr u-förmiger Grundriss die Form einer begrünten Spirale andeutet. Wer die Malerei Hundertwassers kennt, weiß, dass die Spirale in seinen Bildern ein zentrales Element ist. **Eine mit Gras, Büschen und Bäumen bepflanzte Dachrampe steigt stetig von einem Ende des u zum anderen Ende an.** Den Abschluss bildet ein insgesamt 40 Meter hoher Turm. Die Rampe ist begehbar ausgeführt, allerdings nur für Mieter zugänglich.

Das augenfälligste Merkmal des Gebäudes ist natürlich die Farbgestaltung der Fassade. Es sieht so aus, als wären hier viele überdimensional große Pfannkuchen übereinander gestapelt worden. **Tatsächlich wollte Hundertwasser jedoch die vielen verschiedenen Erdschichten des Bodens darstellen, auf dem die Waldspirale steht.** Um diesen optischen Effekt zu erreichen, wurden dem Putzgrund Glimmer und Eisenspäne beigemengt und anschließend darauf in den entsprechenden Farbtönen Antiklasur aufgetragen.

Vom Baukörper eingefasst wird ein von Hundertwasser gestalteter Innenhof, der von einem kleinen Bach durchflossen wird. Hat man diesen Bach überquert, führt ein gepflasterter Gehweg, vorbei an Grünflächen, einem Kinderspielplatz und einem kleinen Pavillon, mitten durch den Hof und das Gebäude hindurch. Dem Besucher erschließt sich dabei der Blick auf die reich gegliederte Fassade mit ihren bunten Säulen, Balkonen, Baummietern und natürlich vielen Fenstern in allen Formen und Dimensionen.

Neben den **105 Wohneinheiten** sind hier zwei Läden, ein Café und ein Restaurant mit Bar untergebracht. Restaurant und Bar erstrecken sich vom 9. bis zum 11. Stockwerk des Turms, von wo aus die Gäste einen wunderbaren Ausblick auf das Umland genießen können.

Waldspirale Darmstadt, 1998-2000
Bürgerpark-Viertel, D-64293 Darmstadt, Deutschland
Neubau
Entwurf: F. Hundertwasser
Planung: Arch. DI H. M. Springmann
Modell 1:50 erstellt von DI A. Bodi, 1996

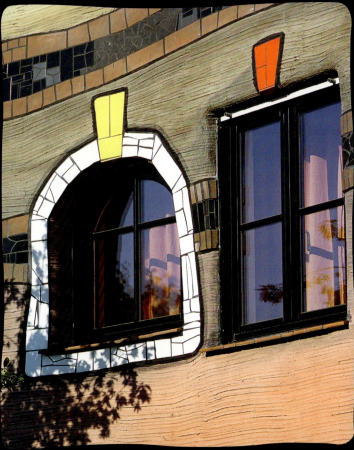

Ein Umwelt- und Kulturbahnhof im Norden Deutschlands

Der Bahnhof Uelzen wurde im Rahmen von Sanierungsarbeiten am Empfangsgebäude, den Bahnsteiganlagen, dem Bahnhofstunnel und der Treppenaufgänge nach Entwürfen von Friedensreich Hundertwasser umgestaltet. Hundertwasser-Gestaltungselemente finden sich sowohl in den Innen- als auch in den Außenbereichen des Bahnhofs.

Die historische Hülle des im Wilhelminischen Stil errichteten Empfangsgebäudes wurde mit Keramiksäulen und Goldkugeln ergänzt. Auf der Bahnsteigseite befindet sich ein Aufzugstürmchen, auf dessen Dach eine Säule steht. Überall im Bahnhofsbereich findet man bunte Hundertwasser-Säulen, aber auch die alten Säulen aus Gusseisen sind erhalten geblieben. Die Vordächer wurden mit Solarzellen versehen. Die Bodenflächen im Außenbereich des Bahnhofs zieren bunte Mosaike aus unterschiedlich großen, farbigen Pflastersteinen.

Der Bahnhof beherbergt neben Verwaltungseinrichtungen auch ein stilvoll gestaltetes Restaurant, wo Reisende und Besucher auf zwei Etagen im Hunderwasser-Ambiente speisen können, sowie einen Kunst-Laden. Weiters zeigt ein Hunderwasser-Museum im ersten Obergeschoß originale Graphiken sowie Kunstwerke des Künstlers aus Porzellan und Keramik. Ergänzt wird diese Ausstellung durch Skizzen und Entwürfe seiner Architekturprojekte und zahlreiche weitere Exponate.

Die Toilettenanlage des Bahnhofs ist ebenfalls im Hunderwasser-Stil mit gewellten Wänden und Waschbecken sowie unregelmäßig verlegten Wandfliesen gestaltet.

Umweltbahnhof Uelzen, 1999-2001
D-29525 Uelzen, Deutschland
Umgestaltung
Entwurf: F. Hundertwasser
Planung: Arch. DI P. Pelikan
Realisierung: Arch. DI H. M. Springmann
Modell 1:50 erstellt von DI A. Bodi, 1999
Ursprüngliches Gebäude:

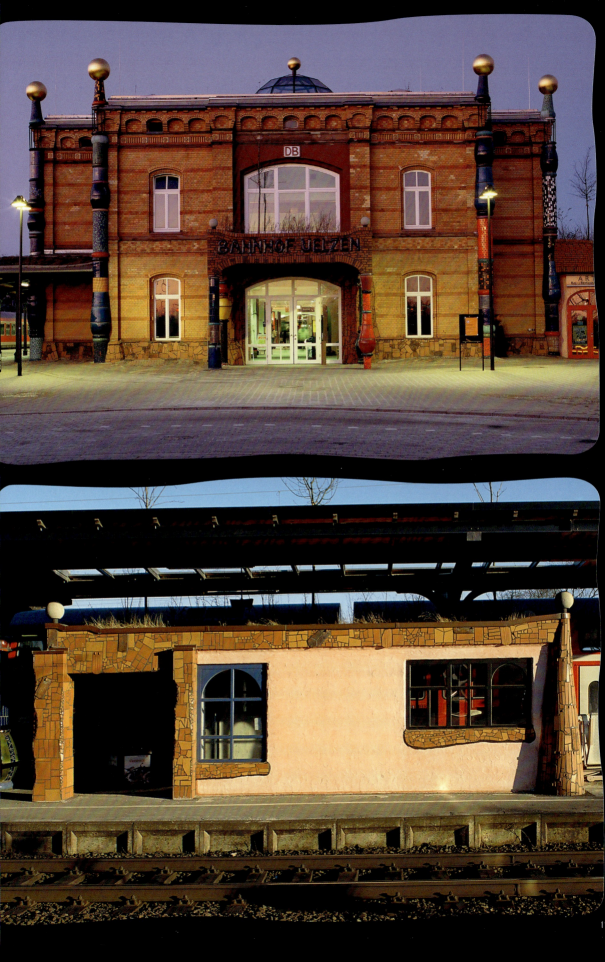

Ronald McDonald Haus Essen

Hundertwasser im Dienst der guten Sache

Die Ronald McDonald Kinderhilfe bietet mit ihren Ronald McDonald Häusern den **Familien schwer kranker Kinder die Möglichkeit, für die Zeit der Behandlung in unmittelbarer Nähe zur jeweiligen Klinik zu wohnen. Der stetige Kontakt der Kinder zu ihren Eltern ergänzt die medizinische Therapie in hervorragender Weise und fördert so die Genesungsfortschritte der kleinen Patienten.**
Das Haus befindet sich am Rande des Grugaparks in unmittelbarer Nähe zum Universitätsklinikum Essen. Der Architekturentwurf des Ronald McDonald Hauses in Essen **gilt als der letzte Entwurf, den Hundertwasser fertig stellen konnte.** Optisch wirkt das Haus wie der kleine Bruder der Waldspirale in Darmstadt. Das heißt, eine große Ähnlichkeit der beiden Gebäude ist unübersehbar.
Fünf Jahre nach seinem Tod wurde das aus Spendengeldern finanzierte Haus nach nur elfmonatiger Bauzeit am 1. Juli 2005 eröffnet und den ersten Familien zur Verfügung gestellt. **Bis zu siebzehn Familien finden hier seither gleichzeitig eine temporäre Unterkunft.**
Umgeben von üppigem Grün strahlt die goldgelbe Fassade des Hauses dem Besucher schon von weitem entgegen. Rote Streifen, jeweils in Fensterhöhe, sorgen für die horizontale Gliederung des Gebäudes. Der schlanke Stiegenhausturm verleiht dem Haus mit seiner goldenen Zwiebelkuppel ein markantes Aussehen. **Dieser Turm beherbergt auch ein sieben Meter hohes Turmzimmer, wohin sich die Bewohner zur Meditation zurückziehen können.** Die spiralförmig angelegte begrünte Rampe ist wie auch jene in Darmstadt begehbar und führt sanft ansteigend nach oben. Der Innenhof des Gebäudes bietet mit seinem Brunnen den Bewohnern einen gemütlichen privaten Freiraum.

Ronald McDonald Haus Essen, 2004-2005
Grugapark, D-45147 Essen, Deutschland
Neubau
Entwurf: F. Hundertwasser
Planung: Arch. DI H. M. Springmann
Modell 1:50 erstellt von DI A. Bodi, 2002

Grüne Zitadelle Magdeburg

Wohnträume in Zartrosa

Die „Grüne Zitadelle" ist am Breiten Weg, die ehemalige Prachtstraße Magdeburgs, in unmittelbarer Nähe zum Domplatz zu finden. Zuerst war nur an den Umbau eines an dieser Stelle stehenden Plattenbaus nach Entwürfen von Hundertwasser gedacht, was sich allerdings als nicht erstrebenswert beziehungsweise machbar herausstellte. So kam es zum Abriss des Gebäudes und zum Bau der „Grünen Zitadelle". Der Baukörper ist u-förmig gestaltet und zur Kreuzgangstraße hin geöffnet. **Die Fassade ist in einem zartrosa Farbton gehalten. So gesehen ist es eigentlich mehr eine rosa Zitadelle als eine grüne.** Breite braune senkrechte Streifen erinnern den Betrachter in Form und Farbe an Baumstämme in einem kleinen Wäldchen. Die blau umrahmten Fenster sind unterschiedlich groß und wie üblich unregelmäßig angeordnet. Vier kleine Fächertürmchen mit aufgesetzter Goldkugel sowie der große Wohnturm verleihen dem Bau eine markante Silhouette.

Zwei kleine Höfe bilden den zentralen Teil der öffentlich zugänglichen Flächen. In einem Hof steht ein Brunnen, dessen sanft plätscherndes Wasser eine entspannte Atmosphäre vermittelt.

Um diese Innenhöfe herum sind kleine Geschäfte und ein Café angeordnet. Das erste Obergeschoß beherbergt auf der Seite zum Breiten Weg ein Hotel und an der Arthur Ruppin Straße eine Kindertagesstätte.

Grüne Dachflächen als Erholungsraum

Die verschiedenen Dachterrassen des Gebäudes können von den Kindern zum Herumtollen genutzt werden. Die eigentliche Spielfläche der Kindertagesstätte befindet sich auf der Höhe des ersten Obergeschoßes. Im ersten und im zweiten Obergeschoß sind Büros und eine Physiotherapie-Praxis untergebracht. Die anderen Obergeschoße und der große Turm sind ausschließlich der Wohnnutzung vorbehalten. Die Bäder und Toiletten der Wohnungen sind im Hundertwasser-Stil verfliest. Den Wohnungen angegliedert sind kleine Terrassen, Balkone oder Loggien. Die Dachflächen sind begrünt, Dachterrassen dienen den Bewohnern als Erholungsraum. Auf dem Dach, zum Breiten Weg orientiert, steht das sogenannte „Casteletto". Dabei handelt es sich um ein kleines Einzelgebäude, das ebenfalls zu mieten ist.

Grüne Zitadelle Magdeburg, 2003-2005
Breiter Weg 8-10, D-39104 Magdeburg, Deutschland
Neubau
Entwurf: F. Hundertwasser
Planung: Arch. DI Peter Pelikan (Entwurf), Arch. Heinz M. Springmann (Ausführung)
Modell 1:50 erstellt von DI A. Bodi, 2000

Flächennutzung:
55 Wohnungen mit Wohnungsgrößen zwischen 60 und 170 m²
20 Gewerbeflächen mit Hotel, Büros, Geschäften, Gastronomie
1 Kindergarten

Markthalle Altenrhein

Ein Hauch von Orient

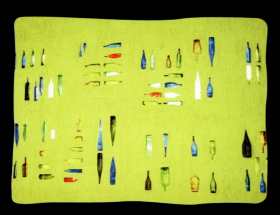

In dreijähriger Bauzeit wurde mit der Markthalle Altenrhein **das bisher einzige Hundertwasser-Bauwerk der Schweiz** errichtet. Dieser Bau kam nur durch die tatkräftige Mithilfe von Sponsoren und freiwilligen Mitarbeitern zustande, da die Baukosten des privat finanzierten Gebäudes sonst zu hoch gewesen wären.

Schon von weitem sieht man die goldenen Türmchen in der Sonne blinken. Die gedrungene Form mit den außen angelegten Türmen und den Steinmauern **vermitteln dem Betrachter den Eindruck, vor den Stadtmauern einer orientalischen Wüstenstadt zu stehen**. Die Markthalle dient einerseits als beliebter Treffpunkt, andererseits als Platz für Handel und Kunstausstellungen. Im Gebäude sind ein Restaurant und eine Kunstgalerie sowie Kunstshops untergebracht. Für Feierlichkeiten können diverse Räumlichkeiten angemietet werden.

Markthalle Altenrhein, 1998-2001
CH-9423 Altenrhein, Schweiz
Neubau
Entwurf: F. Hundertwasser
Planung: Arch. DI. P. Pelikan
Bauausführung: Architekturbüro J. Frankhauser
Modell 1:50 erstellt von DI A. Bodi, 1998

Maishima Müllverbrennungsanlage Osaka

Flammenbänder und Baummieter für Osaka

Der damalige Vizebürgermeister von Osaka, Dr. Shin Sasaki, war anlässlich eines Wien-Besuches im Jahr 1996 vom umgestalteten Fernheizwerk Spittelau derart begeistert, dass er sofort mit Hundertwasser Kontakt aufnahm, um auch die damals gerade in Bau befindliche Müllverbrennungsanlage seiner Stadt nach Plänen Hundertwassers weiterbauen zu lassen.

Mit der Müllverbrennungsanlage in Osaka hat das Wiener Fernheizwerk im Jahr 2001 gewissermaßen einen jüngeren Bruder bekommen. Gewisse Familienähnlichkeiten sind daher auch unverkennbar: sei es das goldene Ellipsoid auf dem Schornstein, die „Flammenbänder" oder das unregelmäßige Schachbrettmuster der Fassade. **Auch „Baummieter" sind hier zu finden. Der in Rot gehaltene Teil des Gebäudes lässt eine Anlehnung an japanische Architektur erahnen.**

Die geschwungene Dachlandschaft erinnert an die Wellen des Meeres und passt damit sehr gut zum Standort auf der der Stadt vorgelagerten, künstlich geschaffenen Maishima-Insel. In unmittelbarer Nähe steht das ebenfalls von Hundertwasser entworfene **Maishima Sludge Center**.

Maishima Müllverbrennungsanlage Osaka
2-1-1, Hokkoushiratsu, Konohana-ku, Osaka, Japan
Entwurf: Showa Sekkei
Umgestaltung während des Baus 1997-2001
Entwurf: F. Hundertwasser
Planung: Arch. DI P. Pelikan
Bauausführung: Showa Sekkei Inc., Osaka
Modell 1:100 erstellt von DI A. Bodi, 1998

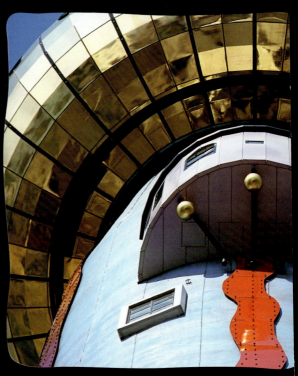

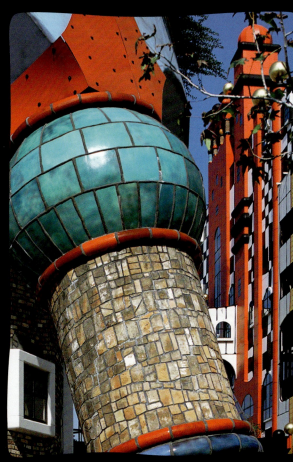

Die Grundsätze Hundertwassers

Schon viele Jahre bevor Hundertwasser die ersten Bauprojekte realisieren konnte, formulierte er aus seinem Unbehagen der modernen Architektur gegenüber Grundsätze, auf deren Basis er das Bauwesen zu revolutionieren gedachte. **In diesen Grundsätzen forderte er sowohl eine Humanisierung als auch eine Ökologisierung der Architektur und des Bauens.**

Ungerade Linien

Sowohl in seinem **„Verschimmelungsmanifest"** als auch im **„Los von Loos"**-Gesetz für individuelle Bauveränderungen **verdammte Hundertwasser die gerade Linie als gottlos und ein Werk des Teufels.** Sie war für ihn die einzige Linie, die nicht dem Ebenbild Gottes entspricht, da sie in der Natur nicht vorkommt.

Hundertwasser war der Meinung, **dass die Architektur, seit sie sich an der geraden Linie und an glatten Fassaden orientiert, die Menschen krank macht.** Diese krankmachende Wirkung diagnostizierte er sowohl in körperlicher als auch in seelischer Hinsicht. Folgerichtig rief er zum Boykott dieser Architektur auf. Niemand sollte solche sterilen, krank machenden Gebäude mehr betreten und auch keine Miete mehr bezahlen, bevor man sie nicht verändert hätte.

Schräge Säule am Hundertwasser-KrawinaHaus
Details siehe Seite 40

Verantwortlich für diese negative Entwicklung **machte Hundertwasser den Architekten Adolf Loos, den er als den Begründer dieser inhumanen Reißbrettarchitektur sah.**

Von Hundertwasser entworfene Gebäude zeichnen sich demgemäß durch geschwungene Linien und runde Formen aus. Böden und Wände sind gewellt, Ecken abgerundet. Die Fassaden sind durch Vor- und Rücksprünge, Erker und unregelmäßig eingesetzte Fenster gekennzeichnet. Die Umrisse der Häuser weisen eine differenzierte Höhenentwicklung und gewellte Dachlandschaften auf. Um die Häuser bewohnbar zu machen, konnte allerdings, speziell in den Wohnungen, natürlich nicht überall auf ebene Böden und gerade Wände verzichtet werden.

Das Fensterrecht

Wenn man sich die Fassaden von Hundertwasser-Häusern ansieht, fallen einem zwei Dinge sofort auf. Die Fenster sind nicht wie gewohnt rasterförmig in Reih und Glied in die Fassade eingesetzt. **Und kein Fenster gleicht dem anderen.** Jedes Haus verfügt über unzählige verschiedene Fenstertypen. Sie sind bunt gemischt und **unterscheiden sich jeweils in Größe, Form und Farbe**. Für Hundertwasser war das Fenster von eminenter Bedeutung. **Für ihn bestünden Häuser, wie er sagte, nicht aus Mauern, sondern aus Fenstern.** So wie die Augen der „Spiegel der Seele" sind, zeigen Fenster den Geist der Bewohner. Hundertwasser war der Meinung, **jeder Mieter müsste das Recht haben, das Mauerwerk um seine Fenster herum abzukratzen, soweit der Arm reicht, und diesen Bereich mittels Farbe und Pinsel nach seinen individuellen Vorstellungen zu bemalen.** Dieses Recht bezeichnete er als das „Fensterrecht". Erstmals stellte Hundertwasser diese Forderung bei einer Künstlertagung in Seckau, Steiermark, im Jahr 1958 auf, nämlich anlässlich der Präsentation seines **„Verschimmelungsmanifestes gegen den Rationalismus in der Architektur".** Die praktische Anwendung dieses „Fensterrechts" demonstrierte er erst im Jahr 1972 im Zuge einer Fernsehshow, als er innerhalb eines Tages Fenster dreier Gebäude in Österreich, Deutschland und der Schweiz entsprechend dieses Prinzips gestaltete.

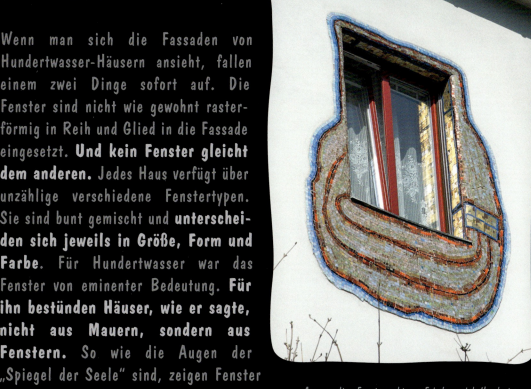

Angewandtes Fensterrecht von Friedensreich Hundertwasser Wohnhaus in der Andergasse, 1170 Wien

Das Anrecht auf die „Dritte Haut"

In seinem **„Architektur-Boykott-Manifest"**, Wien 1968, proklamierte Hundertwasser das Recht des Menschen auf seine **„architektonische Außenhaut"**. Unter dieser Außenhaut verstand er die **Innenwände und Außenmauern der Häuser**. Das heißt, genauso wie man über seine körperliche Haut und seine Kleidung bestimmen kann, sollte man auch diese Dritte Haut nach seinen individuellen Vorstellungen und Bedürfnissen gestalten können. Dies dürfe aber nur unter Rücksichtnahme auf den Nachbarn und die Stabilität des Gebäudes geschehen.

Hundertwasser-Häuser verstehen sich als solche „Dritte Häute", die sich verändern können und sollen. **Zusätzlich zum Fensterrecht können hier die Bewohner auch die Wände der Treppenhäuser und der Gänge bemalen**, ohne dadurch von der Kündigung des Mietvertrags oder von Schadenersatzforderungen bedroht zu sein.

Die Baumpflicht

Hundertwasser sah in der Vegetation einen Freund und Partner des Menschen, den man auch als solchen behandeln sollte. **Das heißt, Pflanzen sind dem Menschen gleichberechtigt** und man hätte die Pflicht, den Pflanzen zu ihrem Recht zu verhelfen. **Was man der Natur etwa in Form von Straßen und Gebäuden wegnimmt, sollte man ihr auch wieder durch Bepflanzung dieser Flächen zurückgeben.** In diesem Zusammenhang räumte Hundertwasser den Bäumen eine besondere Stellung ein.

Die Hundertwasser-Bauten zeichnen sich demgemäß dadurch aus, dass alle horizontalen Flächen so weit wie möglich bepflanzt sind, **da Hundertwasser der Meinung war, dass alle waagrechten Flächen unter freiem Himmel der Natur gehörten**. Alle Flächen, auf die Regen und Schnee fällt, müssen laut Hundertwasser von Pflanzen besiedelt sein. Dabei soll es sich allerdings um keine erkennbar gärtnerisch ausgestalteten Flächen handeln, vielmehr soll der Bewuchs jenem in der freien Natur entsprechen. Im Lauf der Jahre entwickelt sich dann eine üppige Vegetation, die das jeweilige Haus nach und nach überwuchert, was am Hundertwasser-KrawinaHaus bereits sehr gut zu erkennen ist.

Eine Besonderheit sind die sogenannten **„Baummieter"**. Diese Bäume stehen **nicht auf dem Dach oder einer Terrasse**, sondern sie wachsen aus dem **Inneren des Hauses heraus**, sind damit also **Mitbewohner**. Sie erhalten gewissermaßen ihren eigenen Wohnbereich, wo sie wachsen und gedeihen können. **Miete zahlen sie in Form ihrer Nutzen stiftenden Eigenschaften. Sie reinigen die Luft, produzieren Sauerstoff, verbessern das Kleinklima und nicht zuletzt beleben und verzieren sie die Fassade.**

Baummieter im Hundertwasser-KrawinaHaus
Details siehe Seite 40

Friedensreich Hundertwasser

wird am 15. Dezember 1928 als Friedrich Stowasser in Wien geboren. Seinen Vater verliert er schon in seinem 2. Lebensjahr; seither wird er von seiner Mutter alleine aufgezogen. Ab 1936 besucht Friedrich Stowasser die Montessori-Schule in Wien. Bereits hier fällt er durch seinen außergewöhnlichen Farb- und Formsinn auf. Während der Kriegsjahre entstehen erste Bleistiftzeichnungen und Aquarelle. 1948 inskribiert er an der Wiener Akademie der Bildenden Künste bei Professor Robin Christian Andersen, die er jedoch bereits nach drei Monaten wieder verlässt. Erste Vorbilder findet er in Walter Kampmann, Gustav Klimt und Egon Schiele. Die folgenden Jahre bis zu seinem Lebensende sind von zahlreichen Reisen und Auslandsaufenthalten gekennzeichnet, die ihn in die ganze Welt führen. Er arbeitet sehr viel, und so entsteht eine Vielzahl von Kunstwerken, seien es Aquarelle, Lithographien, japanische Holzschnitte, Bilder oder Poster. Weltweit finden seine Werke auf vielen Ausstellungen Anerkennung. **Sein Leben ist aber auch von Skandalen und Provokationen geprägt**, die sicher auch zu seiner allgemeinen Bekanntheit geführt haben. **So zum Beispiel seine beiden Nacktreden** in München und in Wien 1967 und 1968, **oder jener Skandal** an der Hochschule für bildende Künste in **Hamburg** im Jahr 1959, wo er als Gastdozent im Gebäude „die endlose Linie" zieht und die Hochschule daraufhin verlassen musste. Mit dem Bau des nach Plänen von Architekt Krawina erstellten Hundertwasser-KrawinaHauses erfolgt der Startschuss für zahlreiche weitere Architekturprojekte. Viele seiner Entwürfe kommen über das Planungsstadium allerdings nicht hinaus. **Umweltschutz ist ein weiterer Schwerpunkt seines Lebens.** Er engagiert sich für den **Schutz der Meere, gegen die Atomenergie und für einen schonenden Umgang mit der Natur.** Weltweit hält er diesbezüglich Vorträge. In diesem Zusammenhang entstehen auch die Poster „Save the Whales" „Save the Seas", „Plant Trees - Avert Nuclear Peril" oder das Umweltposter „Arche Noah 2000".

Sein letzter Wille

Am 19. Februar 2000 erliegt Friedensreich Hundertwasser im Alter von 71 Jahren an Bord des Kreuzfahrtschiffes „Queen Elizabeth II" einem Herzinfarkt.
Seine letzte Ruhe findet er in Neuseeland. Dort wird er auf seinem Grundstück, im **„Garten der glücklichen Toten"**, begraben. Wunschgemäß bestattet man ihn ohne Sarg, **nur mit einem Leichentuch bedeckt**, in einer Tiefe von 60 Zentimetern unter der Erdoberfläche. Auf **seinem Grab wird ein Baum gepflanzt**, der das Weiterleben des Toten manifestieren soll.

Baum auf der Dachterrasse des Hundertwasser-KrawinaHauses

Kunstbauwerke 1979-2007

Hundertwasser-KrawinaHaus Wien (A) 1979-1985
Rosenthal-Fabrik Selb (D) 1980-1982
Rupertinum Salzburg (A) 1980-1987
Mierka Getreidesilo Krems (A) 1982-1983
Kohlenwäsche Hamm (D) 1982-1984
Dorfmuseum Roiten (A) 1987-1988
St. Barbara Kirche Bärnbach (A) 1987-1988
Textilfabrik Rueff Muntlix (A) 1988
Kindertagesstätte Heddernheim (D) 1988-1995
Fernwärme Wien Spittelau (A) 1988-1997
Autobahnraststätte Bad Fischau (A) 1989-1990
KunstHaus Wien (A) 1989-1991
KalkeVillage beim Hundertwasser-KrawinaHaus Wien (A) 1990-1991
Wohnanlage „In den Wiesen" Bad Soden (D) 1990-1993
„Wohnen unterm Regenturm" Plochingen am Neckar (D) 1991-1994
Countdown 21st Century Monument for TBS Tokyo (J) 1992
Brunnenanlage Zwettl (A) 1992-1994
Pavillon beim DDSG Ponton Wien (A) 1992-1994
Quixote Winery Napa Valley (USA) 1992-1999
Spiralenfluss - Hand Trinkbrunnen 1 Linz (A) 1993-1994
Krankenstation (Onkologie) Graz (A) 1993-1994
Thermendorf Blumau (A) 1993-1997
Mazur Taxi-Stand und Büro am Flughafen (A) 1994
Spiralenfluss - Hand Trinkbrunnen 2 Tel Aviv (IL) 1994-1996
Österreich Brunnen Zell am See (A) 1996-2003
Kids Plaza Osaka (J) 1996-1997
Martin Luther Gymnasium Wittenberg (D) 1997-1999
Maishima Müllverbrennungsanlage Osaka (J) 1997-2001
Waldspirale Darmstadt (D) 1998-2000
Markthalle Altenrhein (CH) 1998-2001
Öffentliche Toilette Kawakawa (NZ) 1999
Goldkuppel für den Kindergarten am Düsseler Tor (D) 1999
Umweltbahnhof Uelzen (D) 1999-2001
Maishima Sludge Center Osaka (J) 2000-2004
Grüne Zitadelle Magdeburg (D) 2003-2005
Ronald McDonald Wohnheim Essen (D) 2004-2005
Regenbogenspirale von Valkenburg an der Greul (NL) 2006-2007

Bibliographie und Bildnachweis

- „Das Hundertwasserhaus" (Österreichischer Bundesverlag und Compress Verlag, Wien 1985).
- Hametner, Kristina / Melzer, Wilhelm, „Hundertwasserhaus" (ORAC Verlag, Wien 1988).
- Rand, Harry, „Hundertwasser" (Taschen Verlag, Köln 1993).
- „Hundertwasser Architektur. Für ein natur- und menschengerechteres Bauen" (Taschen Verlag, Köln 1997).
- Schmied, Wieland, "Catalogue Raisonné" (Taschen Verlag, Köln 2000).
- Restany, Pierre, „Hundertwasser. Die Macht der Kunst. Der Malerkönig mit den fünf Häuten" (Taschen Verlag, Köln 2001).
- Fürst, Andrea Christa, Hundertwasser Werkverzeichnis, „Catalogue Raisonné", Vol. II (Taschen Verlag, Köln 2002)
- „Hundertwasser. KunstHaus Wien" (Taschen Verlag, Köln 2002).
- Römisch-katholisches Pfarramt Bärnbach „Sankt Barbara Bärnbach. Neugestaltung: Friedensreich Hundertwasser, 1988". (Römisch-katholisches Pfarramt Bärnbach, Bärnbach 1999, 5. Auflage).
- Hofleitner, Johanna, „Gebaute Träume: Zum Tod von Friedensreich Hundertwasser" (Spiegel, Deutschland 21. 02. 2000).
- „Hotel & Spa" (Medienmappe Rogner-Bad Blumau, Blumau 2001).
- Hammerschmidt, Peter, SR (Bericht über das Dorfmuseum, 2003).
- Autogrill Austria AG „Hundertwasser-Raststätte Bad Fischau" (2003).
- KunstHaus Wien www.hundertwasser.de (Stand Mai 2003).
- Homepage von Bärnbach www.baernbach.at (Stand Mai 2003).
- Homepage von Rappottenstein www.rapottenstein.at (Stand Mai 2003).
- Homepage des Fernwärmewerks Spittelau www.sauberbrenner.at (Stand Mai 2003).
- Homepage von Zwettl/NÖ www.zwettl.at (Stand Mai 2003). „Friedensreich Hundertwasser, ökologischer Künstler der Extreme" www.psd-chemnitz.de (Stand Mai 2003).
- Homepage der Bauverein AG Darmstadt www.bauvereinag.de (Stand Dezember 2005)
- Homepage des Westdeutschen Rundfunks www.wdr.de (Stand Dezember 2005)
- Homepage der McDonalds Kinderhilfe www.mcdonalds-kinderhilfe.org (Stand Dezember 2005)

Zitate:
(1) Hundertwasser, Friedensreich: Symposium IGA (Internationale Gartenbau-Ausstellung), 27. Juli 1983, München; nachzulesen in: „Hundertwasser Architektur. Für ein natur- und menschengerechteres Bauen"; Benedikt Taschen Verlag, Köln 1997, Seite 70
(2) Römisch-katholisches Pfarramt Bärnbach „Sankt Barbara Bärnbach. Neugestaltung: Friedensreich Hundertwasser, 1988". (Römisch-katholisches Pfarramt Bärnbach, Bärnbach 1999, 5. Auflage).

Titelseite:
Hundertwasser-KrawinaHaus Wien,
Details siehe Seite 40.

Buchrückseite:
Fernwärme Wien Spittelau,
Details siehe Seite 50.

Texte:
Dipl. Ing. Klaus Egger: Seite 8 bis 58, 72 bis 157
Dr. Rudolf Riedinger: Seite: 4 bis 6
Univ.-Prof. Dr. Alfred Raddatz: Seite: 64 bis 68

Fotos:
Gregor Semrad - www.gregorsemrad.com
Seite: 5, 7, 15 oben u. re. unten, 16 bis 19, 21, 24, 25, 29 oben, 30 re. oben,
li. u. re. unten, 42, 43, 44, 48, 49, 54, 56, 57, 59 bis 61, 64 bis 68, 70 bis 81,
82 oben, 85, 86 oben, 87 unten, 91, 92, 93 oben, 152, 155
Margit Stürmer: Seite 82 unten, 83, 84, 88
Jana Sagner: Seite 35 rechts unten
Klaus Egger: Seite 30 links oben, 55

H.B.

ISBN 978-3-9502396-5-2
1. Auflage, 2007
© H.B. Medienvertrieb GesmbH
Kegelgasse 34-38, 1030 Wien
www.hundertwasserhaus.info
Alle Rechte vorbehalten
Verfasser: Dipl. Ing. Klaus Egger, Dr. Rudolf Riedinger, Univ.-Prof. Dr. Alfred Raddatz
Recherche: Jana Sagner, Monika Hiessberger
Lektorat: Dr. Helga Zoglmann
Herausgeber: Ing. Mag. Harald Böhm
Graphik und Reproduktion: Fotografie Mitterbauer GmbH&CoKG 4950 Altheim